CATALOGUE
D'ESTAMPES

D'APRÈS

DES MAÎTRES FRANÇAIS

DE LA DERNIÈRE MOITIÉ DU XVIIIe SIÈCLE

TELS QUE

Coypel, Vanloo, Boucher, Watteau, Lancret, Fragonard,
Greuze, Lawreince, Baudouin

ET DE

DESSINS

DE CES MÊMES MAÎTRES

Provenant de la Collection de M. P. D.

1re VENTE

HOTEL DES COMMISSAIRES-PRISEURS
Rue Drouot, n° 5

Salle n. 3

Les Lundi 28 Février et Mardi 1er Mars 1859, à une heure

Par le ministère de Me DELBERGUE-CORMONT, Cre-Priseur,
rue de Provence, 8

Assisté de M. CLÉMENT, marchand d'Estampes, rue des
Saints-Pères, 3,

CHEZ LESQUELS SE DISTRIBUE LE CATALOGUE.

EXPOSITION PUBLIQUE

Le Dimanche 27 Février 1859, de une heure à quatre heures.

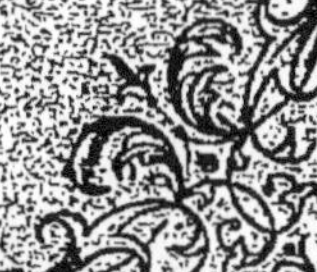

PARIS

RENOU ET MAULDE
IMPRIMEURS DE LA COMPAGNIE DES COMMISSAIRES-PRISEURS
Rue de Rivoli, 144

1859

CATALOGUE

D'ESTAMPES

D'APRÈS

DES MAITRES FRANÇAIS

DE LA DERNIÈRE MOITIÉ DU XVIIIe SIÈCLE

TELS QUE :

Coypel, Vanloo, Boucher, Watteau, Lancret, Fragonard
Greuze, Lawreince, Baudouin, etc.

ET DE

DESSINS

DE CES MÊMES MAITRES

Provenant de la Collection de M. P. D.

Ire VENTE

HOTEL DES COMMISSAIRES-PRISEURS

Rue Drouot, n° 5

Salle n. 3

Les Lundi 28 Février et Mardi 1er Mars 1859, à une heure

Par le ministère de Me DELBERGUE-CORMONT, C^{re}-Priseur,
rue de Provence, 8

Assisté de M. CLÉMENT, marchand d'Estampes, rue des
Saints-Pères, 3,

CHEZ LESQUELS SE DISTRIBUE LE CATALOGUE.

EXPOSITION PUBLIQUE

Le Dimanche 27 Février 1859, de une heure à quatre heures.

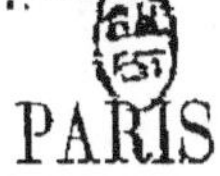

PARIS

RENOU ET MAULDE

IMPRIMEURS DE LA COMPAGNIE DES COMMISSAIRES-PRISEURS
Rue de Rivoli, 144

1859

ORDRE DES VACATIONS

Première Vacation. — *Lundi 28 Février 1859.*

Nos 268 à 335. — Nos 1 à 136.

Deuxième Vacation. — *Mardi 1er Mars 1859.*

Nos 137 à 267. — Nos 336 à 415.

M. Clément, expert dirigeant la vente, se charge des commissions de la France et de l'étranger.

CONDITIONS DE LA VENTE

Elle sera faite au comptant.

Les acquéreurs paieront en sus des adjudications cinq pour cent applicables aux frais de vente.

AVERTISSEMENT

La Collection, dont nous donnons le catalogue de
la 1re vente, se compose d'environ 15,000 estampes et
dessins, contenant les peintres et graveurs les plus célèbres de toutes les écoles. Cette collection a servi à
l'étude d'un répertoire des beaux-arts. Elle sera vendue en plusieurs séries, de la manière suivante :

ÉCOLE D'ITALIE. — Peintres du XVe siècle à nos jours.

ÉCOLE ALLEMANDE.—Peintres du XVe siècle à nos jours.

    DITO   — Graveurs sur bois.

ÉCOLE FRANÇAISE.—Peintres du XVIe au milieu du XVIIIe
                siècle.

    DITO   — Peintres de la fin du XVIIIe siècle (1).

    DITO   — Peintres et graveurs du XIXe siècle.

ÉCOLES FLAMANDE ET HOLLANDAISE.—Peintres du XVIe au
                XVIIIe siècle.

(1) C'est la série en vente.

Estampes historiques, topographiques, sur la France et divers pays.

Portraits de personnages français et étrangers de tous états, les plus célèbres.

Estampes et Dessins d'architecture et d'ornements.

La dernière série de cette Collection sera un choix d'Estampes des graveurs les plus célèbres de tous les pays, du xve au xixe siècle, et un choix de dessins de peintres célèbres.

La 2me vente aura lieu en avril ; elle contiendra : les Estampes historiques, des Plans et Vues de Paris, Vues de France, et les Portraits français des règnes de Henri IV, Louis XIII et Louis XIV.

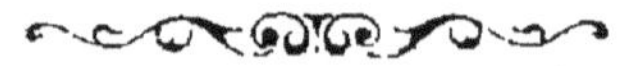

DÉSIGNATION

DES ESTAMPES

ÉCOLE FRANÇAISE

DE 1750 A 1800.

PEINTRES ET GRAVEURS

1 **Aubry**. L'Abus de la Crédulité. *N. Delaunay, sculp*. Epr. avant la lettre.

2 **Aved**. La Fileuse (c'est le portrait de la sœur de Mme Aved). *Balechou, sculp*. Très-belle épr.

3 **Baudouin, peintre à la gouache**. Le Fruit de l'Amour secret. *Voyez Jeune, sculp*. Très-belle épreuve.

4 — Jeune Fille introduisant son amant dans sa chambre. *P. Choffard, sculp*. 1782. Belle épr.

4 bis. — Les Soins tardifs, gr. par Delaunay. Epr. d'eau-forte. Rare.

5 — Marton. *Je vends des bouquets*, etc., gr. par N. Ponce.

6 Le Modèle honnête, gr. à l'eau-forte par Moreau le jeune, et terminé par J.-B. Simonet.

7 — L'Enlèvement nocturne, peint à la gouache, et gr. par N. Ponce. Belle épr.

8 — Annette et Lubin, gr. par N. Ponce.

9 — Le Poëte Anacréon, gr. par Delaunay. Epr. avant la lettre.

10 **Beauvarlet** (Jacques). Actéon métamorphosé en cerf. D'après Rottenhamer.

11 **Benard**. Le petit Larron, gr. par Delongueil.

12 **Benoist**. Vénus à la coquille, d'après Titien.

13 **Bertin** (N.) La Gaîté de Silène. *N. Delaunay, sculp*. Epr. avant la lettre.

14 — La même avec la lettre.

15 **Boilly**. L'Optique, gr. au pointillé par Cazenave. Epr. avant la lettre avec toute sa marge. Rare.

16 **Borel**. L'Indiscret, gr. par Dequevauviller.

17 **Bouchardon**. Triomphe de Bacchus à son retour des Indes; les Fêtes de Tales. Deux pièces gravées à l'eau-forte par Caylus, et terminées par Ét. Fessard.

18 **Boucher** (François). La Bergère prévoyante et les Villageois à la pêche. Deux pièces gravées par Aliamet et Gaillard.

19 **Boucher** (François), *inv. et fecit*. L'Amour oiseleur.

20 — Les Quatre Saisons, gr. par J. Daullé, d'après les tableaux appartenant à Mme de Pompadour. Très-belles épr. avec grandes marges. 4 pièces.

21 — Pensent-ils au raisin? *J.-Ph. Le Bas, sculp.*

22 — L'Attention dangereuse. *A.-F. Dennel, sculp.*

23 — La Baigneuse surprise, gr. par J. Daullé, d'après le tableau appartenant à Mme de Pompadour.

24 — La Bergère couronnée. *Duflos, sculp.* Très-belle épr.

25 — L'Amour modeste, gr. par J.-B. Michel.

26 — Pan et Syrinx, gr. par Pitre Martenasi.

27 — Le Calendrier des vieillards, gr. par de Larmessin.

28 — Amphitrite, gr. par Levasseur. Epr. avant la lettre.

29 — Le Billet doux, gr. par Miger.

30 — Vénus et l'Amour. *Ét. Fessard, sculp.*

31 — Tête de jeune fille, gr. en couleur par Bonnet.

32 — Vue des environs de Beauvais, et seconde Vue des environs de Charenton. Deux pièces, par Le Bas.

33 — Sujets champêtres et galants. Douze pièces gravées par Demarteau, d'après des dessins de Boucher. Imprimées en rouge.

34 — L'Innocence, *F. Boucher fecit aqua forte*, et autres sujets d'après Boucher, par Vidal, Scotin, Ryland, Huquier, etc.

35 — Têtes de jeunes filles, sujets galants, etc. Six pièces gravées par Demarteau, Saint-Non, Janinet, etc

36 **Carmontel,** *del et sculp.* Le Portrait de M. de Bezenval. Pièce à l'eau-forte. Rare.

37 — Portrait de? d'après Carmontel. *Delafosse*, *sculp*.

38 — La malheureuse famille Calas. *Delafosse, sculp.*, 1765.

39 — **Chardin** (Simon). Son portrait, peint par lui-même en 1771, et gravé par Chevillet. Très-belle épr.

40 — La Pourvoyeuse. Epr. rognée.

41 **Cochin** (Ch.-Nic). Trente et une charmantes vignettes pour divers ouvrages.

42 **Cochin.** Le Chanteur de cantique, le Voyage, d'après Pierre, sujet de Don Quichotte, gravés par Magdeleine Hortemels Cochin; Concours pour le prix de l'étude des têtes et de l'expression, gravé par Fessard; les deux Chats. En tout cinq pièces.

43 — Fête en l'honneur de Bacchus, gravé en 1745 sur le dessin d'Alex. Denis de Nierte, marquis de Gambais, gouverneur du Louvre. Pièce rare.

44 — Onze vignettes pour divers ouvrages, dont la bataille de Fontenoy.

45 — Cartouche pour une carte de la ville de Rheims. gravé par J. Massard, en 1769 Epr. avant la lettre, plus l'eau-forte. Trois autres pièces eaux-fortes.

46 **Cochin** (Ch.-N.). La belle femme de chambre. Au bas cinq vers et l'adresse : *A Paris, chez Aveline*.

47 — Frontispice de l'Encyclopédie, dessiné par Cochin en 1764, gravé par Prevost en 1772. Rare.

48 **Courtin** (Jacques). L'Amant magnifique, l'Écureuil, etc. Cinq pièces. *Poilly ex et Chereau.*

49 — La Lettre, gr. par Jean de Poilly. Au bas les
vers suivants :

> Lorsque sur ses vieux jours d'une femme on fait choix,
> On est le plus souvent l'objet de la satyre,
> Mais le plus sage est comme moi ne rien dire
> Avaller la pillule et se mordre les doigts.

50 **Courtois, peintre en émail.** La Poupée et le Château de cartes, gr. par Demarteau. Deux pièces.

51 **Coypel** (N.-N.). Le Bain de Diane. *Le Bas, sculp.* Belle épr.

52 **Coypel** (Noël), *inv. et pinxit.* Sujets d'histoire : Ptolomée, Solon, l'empereur Trajan, l'empereur Sévère. Quatre pièces d'après les tableaux du musée du Louvre, gravées par *C. Dupuis* et *Duchange.*

53 **Coypel** (Antoine). La Résurrection et l'Annonciation, gr. par Audran et Kleinschmidt. Deux pièces.

54 **Coypel** (Charles). Quatre sujets de l'histoire de Don Quichotte, gravés par L. Surrugue, etc. Épr. avant la lettre. Rare.

55 — Don Quichotte servi par les demoisell s de la duchesse.

56 — Jeu d'Enfants, gravé par Lépicié. Très-belle épreuve.

57 **Coypel** (les). Mme de Mouchy, portrait gravé en manière noire par *R. Purcell.* — Le Négligé galant, par *Salvador Carmona,* 1760. — Satyre et Amour, par *Carol. Dupuis, sculp.* — Triomphe de Vénus. *B. Picart,* 1724. Quatre pièces.

58 **Coypel** (Charles). Les Quatre Saisons, peintes au pastel. *Ravenet, sculp*. Quatre pièces.

59 **Coypel**. Suzanne surprise par les vieillards, gr. par Simonneau. Rare. Epr. avant la lettre.

60 **Davesne**, *pinxit* L'Amant regretté. *Voyez Le Jeune, sculp*. Epr. avant la lettre. Rare.

61 **Dubucourt** (Philib.). Le Juge, ou la Cruche cassée, gr. par Leveau.

62 **Demareenay**. Régulus retournant à Carthage. Epr. avant toute lettre.

63 — Une Bataille, d'après le tableau de Parrocel, de la collection de M. de La Live.

64 **Demarteau**. Têtes de femme, dont celle d'Andromaque, gr. en manière de crayon d'après Vincent. 1780-1782. Quatre pièces.

65 **Denon** (vivant). Le Taureau, gr. à l'eau forte, d'après le célèbre tableau de Paul Potter. Belle épreuve.

66 **Deshayes**. Érigone vaincue, gr. par Levesque.

67 — La Fidélité surveillante, gr. par Hémery, tiré du cabinet de M. de Vailly.

68 **Desportes**. Chasse au sanglier et au loup. Deux pièces gravées par Joullain.

69 **De Troye**. Salmacis et Hermaphrodite, gr. par Daullé en 1762. Très-belle épr.

70 — Diane et Calisto. *E. Fessard, sculp*.

71 **Dumenil**. La Religieuse, gr. par Élise Claire Tournay.

72 **Dumont le Romain**. Le Joueur de marion-
nettes, peint et gravé à l'eau-forte par Dumont, et
terminé par J. Daullé en 1739. Rare.

73 — Un Serrurier coupe le pot de chambre pour
dégager le pied de Ragotin; la Rancune coupe le
chapeau de Ragotin. *L. Surrugue, sculp.* Deux
pièces.

74 **Eisen** (Charles). Son portrait, par Fiquet, le
Midi, diverses vignettes, etc. Huit pièces. 2 lots.

75 — L'Appas trompeur, d'après Eisen père, par
J.-C. Schwab, sculp.

76 — Le Sopha, la Salle de bain. *Ch. Eisen del.*, à
Paris, chez Basan. Deux jolies vignettes.

77 — Bacchanale, gr. à l'eau-forte par *Le Hardy de
Famars*, d'après Eisen, en 1769. Epr. avant la
lettre. Rare.

78 — Les Quatre Saisons. Quatre très-jolies pièces,
d'après Eisen. Ep. avant la lettre. Rare.

79 — Bal chinois.

80 **Fenouil**. Marie Sallé, la Terpsichore française,
pensionnaire du roi. *Petit, sculp.* Rare.

81 — L'Après-Diné, la dame à la promenade (Mlle Sallé). *Petit, sculp.* Très-belle épr. d'un joli portrait.

82 **Fouché**, *inv. et pinxit.* Vénus et l'Amour au
bain. *Desplaces, sculp.* Belle épr.

83 **Fragonard** (Honoré). Son portrait, gr. à l'eau-
forte par Carpentier, en 1809. Rare.

84 — Une pièce à l'eau-forte, d'après L. Ricci, *Frago,
sculp.* — La Danse de l'ours, d'après Frago. A
l'eau-forte, par Saint-Non.

85 — Fragments antiques. Frago del. Saint-Non, sculp. 6 pièces.

86 — Les Hasards heureux de l'escarpolette. Jolie pièce très-bien gravée par N. Delaunay. Epr. avant la lettre et avec toute sa marge. Rare.

87 — Le Chiffre d'amour. *Delaunay, sculp.*

88 — Dites donc, s'il-vous-plaît. *Delaunay, sculp.*

89 — Le Verrou, d'après le tableau de la collection du marquis de Verry (1). Le Contrat. Deux pièces gravées par Blot. Belles épr.

90 — Le Serment d'Amour, gr. en manière noire.

91 — Les Contes de La Fontaine. Dix pièces superbes épreuves avant la lettre. Rare.

92 **Freudenberg**. Les Époux curieux et l'Horoscope. Deux pièces, par N. Ponce. Epr. avant la lettre. Rare.

93 **Gérard** (Mademoiselle). Les Regrets mérités. *Delaunay, sculp.* Epr. avant la lettre. Rare.

94 — La même avec la lettre.

95 **Gillot** (Claude). Fêtes de Diane, de Pan, de Bacchus et de Faune. Quatre pièces. Belles épreuves, trois avec la première adresse de : à Paris, *chez P. de Rochefort;* la quatrième avec : *à Paris, chez Basan.*

96 **Gillot**. La Vieillesse, la Virilité, Songe de saint Joseph. Trois pièces, d'après Gillot.

(1) Tableau vendu 3,950 livres, à la vente de cet amateur, en 1785. Voyez la note du n° 101.

97 **Gravelot**. Le Lecteur. *R. Gaillard, sculp.*, d'après le tableau qui est dans le cabinet de M. Van Os, peintre.

98 Onze jolies vignettes pour divers ouvrages.

99 **Greuze** (J.-B.). Son portrait, dessiné par lui-même et gravé par Flippart. — Le même, de côté opposé, gr. au lavis, à Paris, chez Bligny; autre lithographié, d'après celui du musée du Louvre.

100 — La Voluptueuse, gr. par ?

101 — Le Tendre Désir, gr. par C..., tiré du cabinet de M. le marquis de Veri (1). Très-belle épreuve.

102 — La Bonne Mère, gravé à l'eau-forte par Laurent Cars et terminé au burin par Donat Jardinier, tiré du cabinet de M. de Julienne. Belle ép.

103 — La Prière à l'Amour, *Moles, sculpsit*. Épreuve avant la lettre. Très-rare.

104 — La Laveuse, le Miroir Cassé. Deux pièces.

105 — La Fille Grondée, gravé par C.-F. Letellier.

106 — Le Ramoneur, gravé par Voyez.

107 — Le Donneur de sérénade, gr. par P.-E. Moitte.

108 — L'Éducation d'un jeune Savoyard, *Aliamet, direxit*.

109 — Petite Fille tenant une poupée, gravé par Ingouf, d'après le tableau du cabinet de M. de La Live. Épreuve avant la lettre. Rare.

110 — La Petite Fille au chien, gravé d'après le dessin de Greuze, par Ingouf. Belle épr. Rare.

(1) Cette collection, remarquable en maître Français, fut vendue en 1785; elle renfermait onze Tableaux de Greuze dont la Cruche cassée, la petite Fille au chien, la Malédiction paternelle, et le Fils puni.

Cette vente n'est pas citée dans le *Trésor de la curiosité, par M. Charles Blanc*, ainsi que beaucoup d'autres, très-importantes, dont nous aurons occasion de parler.

111. — La Petite Sœur, gravé par Hauër.

112 — La Diseuse de bonne aventure, gravé en manière de lavis, par de Brea

113 — La Vieille gouvernante, gravé en manière de lavis, d'après un dessin de Greuze, par Verendret.

114 — La Tricoteuse, Prière à l'Amour, la Liseuse, la Jeunesse studieuse, Paméla, la Malédiction paternelle, le Fils puni. Huit pièces.

115 — Sujets familiers, gravés par Watelet, La Live, Dennel, etc. Cinq pièces.

115 bis — Têtes prises dans les tableaux de ce maître. Six pièces gravées par Hemery et Desmarteau.

116 — Têtes de différents caractères, gravées par Carl Weisbrod. A Paris, chez M. Greuze, rue Thibautodé. Six pièces et le titre, plus une double avec différence. Superbes épreuves. Rare.

117 — Six têtes gr. par Ingouf. Très-belles épr.

118 — La Tricoteuse.

119 — Étude de la dame de charité, gr. par Massard. Belle épr. avant la lettre.

120 **Grimou**. L'Espagnol, gravé par Flipart.

120 bis **Hubert**. 1775. *Honni soit qui mal y pense*, dédié et présenté au duc de Chartres. Très-belle épr. avec l'adresse de l'auteur.

121 **Huet** (J.-B.). Ce qui est bon à prendre est bon à garder. *Al. Chaponnier, sculp.* Épr. avant la lettre.

122 **Jeaurat** (Étienne). Les Savoyards, de la collection du comte de Bruhl, gravé par Beauvarlet.

123 — L'Amour coquet, gr. par Jeaurat en 1732. Premier état.

124 — L'Eau, gravé par Elisabeth Marlié Lépicié.

125 — L'Économe, la Dévote, par M. Aubert. Deux pièces.

126 — La Vieillesse, gravé par Lépicié, 1745. Premier état avec l'adresse de Jeaurat.

127 — L'Amour petit maître, grav. par Jeaurat en 1732. Premier état.

128 — L'Éplucheuse de salade, gr. par Beauvarlet. Premier état avant les armes.

129 — La même. Deuxième état avec les armes.

130 — L'Opérateur Barri, gr. par Balechou, 1743.

131 — La Servante congédiée, gravée par Balechou. Premier état.

132 — La Couturière, par Balechou. Premier état, avec l'adresse de Jeaurat.

133 — La Coiffeuse, gr. par Sornique.

134 — La Jeunesse, gr. par Lepicié, 1745.

135 — Le Goûté, gr. par Balechou.

135 bis — La Copie.

136 **Kraus**. Le Moment dangereux, gravé par Voyez le jeune et Feigl.

137 **Kymli**. L'Espoir du retour, gravé P. A. Tardieu.

138 **Lagrenée, pinxit et sculpsit**. Sujets divers gravés à l'eau-forte et à la manière noire. Neuf pièces.

139 **Lancret** (Nicolas). Mlle Sallé. *N. de Larmessin, sculp.* Au bas on lit :

Maîtresse de cet art que guide l'harmonie,
Je peins les passions, j'exprime la gaieté,
Je joins des pas brillants au feu de mon génie,
Les grâces, la justesse à la légèreté.
Sans offenser l'aimable modestie,
Qui de mon sexe augmente la beauté.

140 — Mlle Camargo. *Laurent Cars., sculp.*

> Fidèle aux lois de la cadence,
> Je forme au gré de l'art les pas les plus hardis ;
> Originale dans ma danse,
> Je puis le disputer aux balons, aux blondis.

141 — Grandval, peint en 1742, gravé par Le Bas en 1755.

> D'attendrir, d'égayer également capable,
> Tantôt héros, tantôt petit maître galant,
> Il représente l'un, en copiste excellent,
> L'autre, en original aimable.

142 **Pater**. Mlle Dangeville la jeune, représentée en Thalie, avec des génies habillés de différents habits comiques. *Le Bas, sculp.*

> Pour former d'Angeville au Théâtre-Français,
> A Thalie on l'offrit, et ce don sçut lui plaire :
> Mais elle dit, ceci n'a besoin de mes loix,
> La nature a tout fait, l'art n'a plus rien à faire.

Cette estampe et les trois qui précèdent seront vendues ensemble. Elles sont belles épreuves et très-rares à trouver réunies

143 **Lancret.** Les Saisons, suite de quatre pièces gravées par Le Bas, B. Audran, Scotin et Tardieu.

144 Les Ages ; l'Enfance, l'Adolescence, la Jeunesse et la Vieillesse (1). *N. de Larmessin, sculp.* Quatre estampes. Belles épr.

144 bis — Le Maître Galant, gravé par Le Bas, d'après le tableau qui était dans le cabinet du roi à Versailles. Belle épr.

145 — Jeu de Collin-Maillard, gravé par C.-N. Cochin.

146 — Le Faucon, par de Larmessin.

147 — Les Oyes de frère Philippe.

(1) Les tableaux sont dans la *National Gallery* à Londres.

148 — La Coquette de village. *De Larmessin, sculp.*

149 — On ne s'avise jamais de tout. *De Larmessin, sculp.*

150 — Le Petit chien qui secoue de l'argent et des pierreries. *De Larmessin, sculp.*

151 — Le Gascon puni. *N. de Larmessin.*

Ces six pièces de la suite des Contes de Lafontaine sont très-belles épreuves.

152 — Le Théâtre italien, la belle Grecque. Deux pièces gravées par Schmidt de Berlin. Sera divisé.

152 bis **Lawreince** (N.). Qu'en dit l'abbé ? gravé par M. Delaunay. Très-belle épr.

153 — Le Retour trop précipité, l'Irrésolution, ou la Confidence, gravé par Pierron en 1787 et 1788 ; la seconde d'après Trinquesse. Deux pièces rares avant la dédicace.

154 — L'Assemblée au salon, gr. par Dequevauviller en 1783. Épr. avant la dédicace. Rare.

154 bis — Le Lever des ouvrières en mode et l'École de danse. Deux pièces par Dequevauviller. Épr. d'eau forte. Rare.

155 — L'Indiscrétion, gr. en couleur par Janinet.

156 — Consolation de l'absence et la Confidence. Deux pièces.

157 **Le Brun** (Louise-Élisabeth Vigée), peintre. Son portrait, gravé par J.-G. Muller. Très-belle épr. d'une jolie estampe.

158 **Le Clerc des Gobelins**. L'Abbé en conqueste. A Paris, chez Bonnart. Belle épr. d'une jolie pièce.

159 **Le Clerc**. Le Bon logis, Nécessité n'a pas de loi. Deux pièces gravées en manière du crayon par Bonnet. Imprimé en rouge.

160 **Le Clerc des Gobelins**. L'Homme entre deux âges, gravé par Michel Aubert.

161 **Le Prince** (J.-Baptiste). La Crainte, grav. par N. Lemire.

162 — Les Bergers russes. J.-B. Tilliard, sculp.

163 — La Jardinière, l'Ouïe, la Vue, la Nourrice, etc. Cinq pièces en manière de lavis.

164 — L'Enfant chéri. *Delaunay, sculp.* Épr. avant la lettre.

165 — Le même avec la lettre.

166 **Le Moyne**. Persée et Andromède. *Laurent Cars, sculp.* Belle épr.

167 — Le même sujet, et Hercule et Omphale. Deux pièces, Langlois, sculp.

168 **Louterbourg** (P.-J.). Tranquillité champêtre. Pièce à l'eau-forte. A Paris, chez Lenfant.

169 — Scènes champêtres, inv. et dess. par Louterbourg. Deux pièces gravées par Mme Pfenninguer. La Petite Laitière, le Petit Maître gascon qui va prendre son café. *Foulquier, sculp.* Deux pièces d'après Louterbourg.

170 **Mallet**. Le Bain d'amour et le Lit d'amour, gr. par J. Prud'hon fils. Deux pièces. Épr. coloriées.

171 — La Fidélité, l'Amitié. Deux pièces gravées par Simon, la dernière d'après Le Roy.

172 **Marillier** (C.-P.), **inv. et del.** Charmantes vignettes gravées pour divers ouvrages. Dix-neuf pièces. Belles épr.

173 **Mather**. Mme de... titre : La nuit passe, l'aurore paraît. *Malœuvre, sculp.* Épr. avant la lettre. Rare.

174 **Mercier** (Phil.). L'École de jeune fille, gr. en manière noire, par J. Faber.

175 **Mettay**, élève de Boucher. Les Bergers romains, gravé par Le Veau.

176 **Moreau le jeune** (J.-M.). Le Lever. *Halbou, sculp.*

177 — Le Vrai bonheur. *Simonet, sculp.*

178 — Le Seigneur chez son fermier. *J.-L. Delignon, sculp.*

179 — La Course de chevaux. *J. Guttemberg*

180 — Les petits Parrains. *C. Baquoy inv. aquæ. Patas terminavit.*

181 — La Rencontre au bois de Boulogne. *H. Guttemberg, sculp.*

182 — La Dame du palais de la reine. *P.-A. Martini, sculp.*

183 — La Sortie de l'Opéra. *Malbeste, sculp.*

184 — L'Accord parfait. *Helman, sculp.* 1777.

185 — Le Pari gagné. *Camfigue, sculp.*

186 — La Peinture, la Sculpture et la Gravure, trois pièces gravées par Simonet et P. Baquoy, d'après Moreau, plus l'eau-forte de la Sculpture et celle de la Gravure.

187 — Pygmalion, costumes d'après J. Vernet, vignettes pour divers ouvrages. Dix-huit pièces, de ce nombre trois à l'eau-forte, d'après Monsiau.

188 — Suite pour les œuvres de J.-J. Rousseau, la Nouvelle Héloïse, l'Émile, etc., gravé d'après les dessins de Moreau le jeune. Dix-neuf charmantes vignettes in-4°, douze sont avant la lettre. Rare.

189 **Nattier.** Portrait de Mme... titre : Le Lever de Flore. *Malœuvre, sculp.* Épr. avant la lettre. Rare.

190 — Portrait de Mme de... en Hébé. *Hubert, sculp.* Épr. avant la lettre. Rare.

191 **Oudry** (J.-B.). Le Chevreuil forcé et le Renard vaincu, à l'eau-forte, et trois pièces pour les Fables, eau-forte et épr. avant la lettre.

192 — Vue du port de Dieppe, où se voient des pêcheurs. A Paris, chez Gautrot. Pièce rare.

193. Chasse au cerf, Chasse au sanglier et Chasse au loup. Trois pièces. *N.-C. Silvestre*, et *Huquier, sculp.*

194 — Abois du cerf, gravé par Ph. Le Bas.

195 — Combat domestique, *Demarteau l'aîné, sculp.* La Surprise du renard. *Beauvarlet, sculp.*

196 **Pater** (J.-B.). Ragotin à cheval; sa carabine lui tire entre les jambes. Belle épr. avant le nom du graveur Surrugue, 1730. Le Destin retire Ragotin du rosier. P. SURRUGUE fils, 1739.

197 — La Courtisane amoureuse, Filheul, sculp. Belle épr.

198 — Le Baiser donné, le Baiser rendu. Deux pièces. Filheul, sculp.

199 **Perroneau** (Jean-Baptiste). La Terre, d'après Charles Natoire.

200 **Pater.** La Pintresse (sic). Gravé par Galimar. Rare.

201 **Pierre.** Le Savoyard et la Savoyarde, deux pièces. Gravé par de Larmessin.

202 — Les Serments du berger. Gravé par l'Empereur.

203 — La nymphe Érigone. *Anna Lefort, sculp.* Léda, par N. Delaunay.

204 — Tête gravée à la manière de crayon par Bonnet.

205 **Raoulx.** La jeune Coquette. Gravé par Chevillet.

206 **Sablet.** Scène familière. Gravé en couleur par
L. Perrot, 1785 ; premier ouvrage de gravure dédié à la Société Philantropique.

207 **Saint-Aubin inv. et del.** *Duclos, sculp.* Le
bal paré. Charmante estampe d'un dessin spirituel,
vrai portrait de la société distinguée de la fin du
XVIIIe siècle. Superbe épreuve avant toute lettre et
avant la bordure qui entoure le sujet dans les
épreuves postérieures. Tres-rare.

208 **Saint-Aubin** (AUGUSTIN) **sculp.** 1775. Vénus
Anadyomene d'après le Titien, jolie estampe.

209 — Jupiter et Léda, d'après Paul Véronèse, très-
belle épreuve d'une charmante estampe.

210 — Le même sujet gravé à l'eau-forte par Saint-
Aubin et terminé par Romanet, épreuve avant la
lettre.

211 — La promenade des remparts de Paris, et Tableau des portraits à la mode. Deux pièces, très-
belles épreuves.

212 — Mes Gens, ou les Commissionnaires ultramon-
tains au service de qui veut les payer. Suite de
sept pièces, J. B. Tillard, sculp., très-belles et an-
ciennes épreuves.

213 — C'est ici les différents jeux des petits polissons
de Paris. Suite de six pièces très-belles et an-
ciennes épreuves.

214 **Saint-Non** (Richard, abbé de). Paysage, et les
Joueurs de pallet d'ap. Benard, deux pièces à l'eau-
forte.

215 **Schenau.** L'Ouvrière en dentelle, la gentille Repasseuse et l'heureux Serin, trois pièces gravées par Gaillard, Littret, etc.

216 **Schouman** (A.). Le cordonnier hollandais. Gr. par F. Basan.

217 **Taraval.** La jeune ouvrière accablée de sommeil. Gravé par G. G. Schultze. Belle épreuve.

218. **Van Gorp.** C'est papa N. *Delaunay, sculp.*

219. **Vanloo** (Carle). L'Architecture, la Peinture et la Musique, quatre pièces gravées par Fessard, 1756. Tiré du salon de compagnie de Mme de Pompadour, au château de Bellevue.

220. — La Sultane et la Confidence, deux pièces gravées par F. Beauvarlet. Belles épreuves avec l'adresse de Beauvarlet.

221. — Le mariage de la Vierge, gravé par Carle Dupuis.

222 — La belle jardinière (Mme de Pompadour), gravé par Anselin, d'après le tableau de Vanloo, au château de Bellevue.

223 — **Watteau** (Antoine). Différents portraits de ce peintre, gravés d'après lui par Lépicié, W. Hibbart et Crespy. De ce dernier, deux épreuves, une avant la planche rognée, et avec quatre vers et l'adresse de Gersaint. Quatre pièces.

224 — Une halte militaire. *A. Watteau pinxit, J. Moyreau, sculp.* Très-jolie pièce. Belle épr. avant la lettre. Rare.

225 — Le concert champêtre. *B. Audran, sculp.* Très-belle épreuve.

226 — Départ des comédiens italiens en 1697. *L. Jacob, sculp.* Belle épreuve.

227. — La Conversation. Tiré du cabinet de M. de Julienne et gravé par M. Liotar. Très-belle épreuve.

228 — Antoine de la Roque. *Lépicié, sculp.* Très-belle épreuve.

228 bis. — La Diseuse de bonne aventure, par Cars. Très-belle épreuve.

229 — La Sultane. Gravé par B. Audran.

230 — Troupes en campagne, grav. par Thomassin, épr. avant la lettre. Très-rare.

231 — Le Teste-à-teste. Gravé par B. Audran. Belle épr.

232 — L'alliance de la Musique et de la Comédie. Gr. par J. Moyreau.

233 — J. B. Rebel, compositeur de la chambre du Roy et maître de musique de l'Académie Royale. Gravé d'après un dessin de Watteau, par J. Moyreau. Rare.

234 — Les deux cousines. Gravé par Baron.

235 — La Mariée de village, du cabinet de M. Lafaye. Gravé par Ch. Cochin. Très-belle épreuve d'une grande pièce.

236 — Les Fatigues et les Délassements de la guerre. Deux pièces. Belles épreuves. A Paris, chez Gersaint.

236 bis. — L'Amour paisible. *Jac de Favannes, sculp.* Jolie petite pièce rare.

237. — L'Ile enchantée. *J. P. Le Bas, sculpsit.* Très-belle épreuve.

238 — Camp Volant, du cabinet de M. Gersaint. *N. Cochin sculp.* Très-belle épreuve.

239 — Les Jaloux. *G. Scotin, sculp.* Belle épreuve.

240 — Le Bal champestre. *Scotin, sculp.* Très-belle épreuve.

241 — Silvie. A Paris, chez Dupin.

242 — Le Bal champestre. Gravé par Couché. Épr. avant la lettre.

243 — Le Bal champêtre. *J. Couché, sculp.*

244 — Spectacle français, d'après le tableau qui était chez M. de l'Orangère.

245 — Cinq pièces d'après Watteau, dont Mlle Desmares en pèlerine. Gravé par Desplaces.

246 — Étude de saules. Gravé à l'eau-forte par F. Boucher.

247 — Paysage gravé à l'eau-forte par Boucher.

248 — Paysage à l'eau-forte, par Boucher.

249 — Le docteur Misambin. Prenez des pilules. Gr. par Arthur Pont, 1739. 1er état avant le nom de Misambin. Pièce très-rare.

250 — Jeune fille et Jeune garçon. Gravé par F. Boucher et de Caylus, et deux têtes de Jeunes garçons. Quatre pièces.

251 — Le Contrat, et Embarquement pour Cythère. Deux pièces à l'eau forte.

252 **Vernet** (Joseph). Les Pêcheurs. Pièce à l'eau-forte. *Joseph Vernet, fecit.* Belle épreuve.

253 — Vue de Posilipe, près de Naples. Grav. par Robert Daudet, en 1785. Épr. avant la lettre.

254 — Deuxième vue du Levant, les Italiennes laborieuses, Vue de la Fontaine Saint-Jean, à Marseille ; la belle Nuit. Quatre pièces gravées par Aliamet, Laurent, etc. La première est avant la lettre, plus les petites cascatelles par Basan.

255 **Vien.** Offrande à Vénus et offrande à Cérès, gravé par Beauvarlet. Belles épreuves.

256 Wille fils. Petit Waux-Pall. Belle épreuve avec l'adresse de l'auteur, rue de la Comédie-Française.

257 — Le maréchal des logis (1). Gravé par J. G. Wille. Très-belle épreuve.

258 **Wille** (P. A.). La Mère indulgente.

259 **École française**. Huit pièces d'après Lancret, Caresme, Sergent, N. Vleugels, C. Lafosse. Huet, Barbier l'aîné.

260 — Diverses pièces gravées au lavis par Houel, Parizeau. Scène familière, etc. Douze pièces.

261 — La Lanterne magique, d'ap. J. de Lyon; la Remontrance, d'ap. Wille fils, épr. avant la lettre; les Cerises, épreuve d'eau-forte. Trois pièces.

262 — Sept vignettes d'ap. Moreau, Marillier, Cochin, Ingouf.

263 — Diverses pièces d'après Helman, Chantreau, Fenouil. etc. Six pièces.

264 — La douce Résistance. Très-jolie vignette avant la lettre.

265 — Quatre pièces d'après Baudouin, Freudenberg, etc. Épreuves d'eau-forte. Rares.

266 — Quatre pièces d'après C. Vanloo, Jeaurat, Wille fils, Santerre, etc.

(1) Louis Gillet, maréchal des logis au régiment d'Artois-Cavalerie, allant de Nevers à Autun, sa patrie, s'égare de sa route dans l'épaisseur d'un bois, où, attentif aux cris éloignés d'une fille qu'il voit enfin attachée à un arbre par deux brigands occupés à la dépouiller de ses vêtements, il s'avance sur eux le sabre à la main, et, malgré leurs armes à feu, les attaque, les blesse, les met en fuite, et délivre cette fille qu'il ramène à ses parents.

267 — Les batailles de la Chine, dessinées par N. Cochin, d'après les dessins des Missionnaires. Dix pièces. Épr. d'eau-forte.

267 bis — Arlequin et Colombine, les Oyes du frère Philippe, un costume. Trois pièces à l'eau-forte, sans marque.

ESTAMPES DE MAITRES DE DIVERSES ÉCOLES

268 **Blot** (Maurice). Le Dauphin et Madame, fille du roi, d'après Mme Lebrun. Épr. avant la dédicace.

269 **Canot.** *Sun rising*, d'après Claude le Lorrain.

270 **Condé** (John). M. Firzherbert, d'ap. R. Cosway.

271 **Delft** (G. J.). Charles, palatin du Rhin, Elisabeth, reine de Bohême, Christien, duc de Brunswick. Trois portraits d'après Mirewelt.

272 **Dujardin** (Carle). Son œuvre à l'eau-forte en 52 pièces. Un cahier in-4°.

273 **Dyck** (Van). Son portrait à la galerie de Florence. *Blot, sculpt.* Belle épreuve.

274 — F. Snyders, peintre. *Van Dyck, aqua forti. J. Neefs, sculpt.*

275 — A Van Noort, peintre. *Van Dyck, fecit, aqua forti.*

276 — J. de Momper, peintre. *A. V. Dyck, fecit, aqua forti.* Très-belle épreuve rare.

277 — Jean Breughel, peintre. *A. V. Dyck, fecit, aqua forti.* Belle épreuve sur papier à la folie.

278 — Pierre Breughel, peintre. *A. V. Dyck, fecit, aqua forti.* Belle épreuve sur papier à la folie.

279 — Erasme de Rotterdam. *A. V. Dyck, fecit, aqua forti.* Très-belle épreuve.

280 — Van Ertvelt, peintre. *S. A. Bolswert, sculpt.* Très-belle épreuve sur papier à la folie.

281 — Antoine de Tassis. Très-belle épreuve.

282 — La femme de Rubens, tableau de la collection du comte d'Oxford. *J. Marc Ardell, sculpt.*

283 — Henri, prince de Nassau. *Conrad Waumans, sculpt.* Belle épreuve avec *Meyssens, excudit.*

284 — Robert, comte palatin du Rhin. Belle épreuve avec *Meyssens, exc.*

285 — Prince de Carignan. *P. Pontius, sculpt.* Très-belle épreuve sur papier à la folie.

286 — Philippe de Guzman. *P. Pontius, sculpt.* Très-belle épreuve sur papier à la folie.

287 — Honoré d'Urfé. *P. Baillie, sculpt.*

288 — Beatrix Cosantia, *Pietre de Jode, sculpt.* Très-belle épreuve avec l'adresse de Meyssens.

289 — Henri, comte d'Arundel. *Lombart, sculpt.* Belle épreuve.

290 Nicolas Rockocks, antiquaire. *Luc Vorsterman.*

291 — Cesar-Alexandre Saglia, *P. Pontius, sculpt.* Belle épreuve.

292 — Diodore Tuldens, professeur à Louvain. *P. de Jode, sculpt.* Belle épreuve.

293 — Venceslas Coeberger, *Luc Vorsterman, sculpt.* Belle épreuve avec *M. V. Enden.*—La même, avec l'adresse.

294 — Maria Rutten, femme de *Van Dyck*; Henriette de Lorraine, Isabelle-Claire, infante d'Espagne. Trois pièces d'après Van Dyck, par Wosterman et Bolswert, etc.

295 — Comte de Portland, Lucas et Corneille de Vaël. Deux pièces par Hollar.

296 — Corneille Poelembourg. Épreuve avec M. Van Eden.

297 — Spinola. Blancateio, Mirants, B. Gerbier, E. Frockas, C. Hugens. Six portraits d'après A. Van Dyck.

298 Vouet, Th. Galle, Ingo Jones, C. de Vos, Ant. Cornelissen, J. de Morneper. Six portraits d'artistes d'après Van Dyck.

299 — Charles Ier et Henriette sa femme, comte de Nassau, Digbi, Henriette de France, Marie d'Autriche, etc. Neuf portraits.

300 **Edelinck** (Gérard). Antoine Arnauld, né en 1612, mort en 1694, d'après J.-B. Champagne. Belle épreuve.
— Paul de Lionne, d'après Jouvenet, 2e état, avant la dédicace enlevée. Très-belle épreuve.

300 bis — Louis, duc de Bourgogne, d'après de Troye. Belle épreuve.
— Philippe, duc d'Anjou, d'après de Troye. Belle épreuve.

301 **Faber** (J.). Guillaume-Charles, prince d'Orange, gravé en manière-noire.

302 **Hollard.** Chambers à l'âge de 88 ans, d'après Holbein, de la collection Arundel. Portrait rare.

303 **Houbraken.** Anne de Clèves, femme de Henri VIII, d'après Holbein. Beau portrait.

303 bis — Thomas Cromwel, d'après Holbein. Belle épr. d'un beau portrait.

304 — Georges Villiers, duc de Buckingham; W. Harvey, Piercy, comte de Northumberland; Robert Dudley, comte de Leicester; Robert d'Evreux, comte d'Essex. Six beaux portraits.

304 bis — Isaac Newton, John Russell, Ashley Cooper, W. Russell, Usher, archevêque. Cinq portraits, d'après Lelly, Kneller, Van Dyck, etc.

305 **Laurence** (sir Thomas). Elisabeth, comtesse de Grosvenor; Master Lambton. Deux pièces gravées en manière noire, par Cousins et Godefroy.

306 **Marchi** (G.), *fecit*. La Princesse Czartoryska, gravé en manière noire.

307 **Masson** (Antoine). Marie de Lorraine, duchesse de Guise, d'après Mignard.

308 **Morin**. Chrystin, fils du plénipotentiaire du roi d'Espagne à la paix de Vervins. Beau portrait d'ap. A. Van Dyck Belle épreuve.

309 — Maugis Desgranges, frère du célèbre abbé de Saint-Ambroise, le premier amateur d'estampes, d'après Champagne.
— Mazarin (le cardinal), d'après Champagne.

310 — Duvergier de Hauranne, abbé de Saint-Cyran, d'après Champagne. Au bas, six vers.

311 **Nanteuil.** Comte de Dunois, duc d'Orléans, Chapelain, Clermont-Tonnerre, 2e état. Trois pièces.

312 — Christine, reine de Suède, d'après S. Bourdon.

313 **Poilly** (François de). Louis XIV jeune, d'après I. Nocret. Belle épreuve d'un joli portrait.

314 **Reynolds** (Sir Joshué). Richard Brinsley Scheridan, gravé par Hall. Beau portrait.

315 — D. Lady Elisabeth Lee, gravé en manière noire par Fisher.

316 **Pontius** (Paul). Gaspard Gusman, comte d'Olivarès, d'après Rubens. Belle épreuve d'un très-beau portrait.

317 — Henri, comte Van den Berghe, d'après A. Van Dick, 1er état, avec le mot *Catholici*, après le cum. pruil. Regis. Rare.

318 **Rubens** (d'après P.-P.). Charles de Longueval, Philippe IV, Sigismond, roi de Pologne, etc. Neuf pièces.

319 **Schalken** (G.). Anna Uxor Francisci Kynnesman..., gravé en manière noire, par J. Smith.

320 **Strange**. Les enfants de Charles Ier, d'après Van Dyck.

321 La même estampe.

322 **Tanjé**, *del et sculpt*. Guillaume Ier, prince d'Orange. Belle épreuve.

323 — Guillaume II, prince d'Orange.

324 — Frédéric-Henri, prince d'Orange

325 — Maurice, prince d'Orange.

326 — Six portraits des princes et princesses d'Orange.

327 **Vandrebanc** (P). Lady Lychfelde, d'après S. Verelst. Rare.

328 **Vertue** (Georges). Jean Locke, d'après Kneller, en 1697.

329 **Ville** (Jean-Georges). Les Offres réciproques, 3 d'après Dietricy.

330 **Vorsterman**. Thomas, comte d'Arundel, et sa femme, d'après A. Van Dyck.

331 **Woollett** (William). *The Chaumière*, d'après le tableau de C. Dusart, en 1622; le paysage à l'eau-forte par J. Browne. Rare épreuve avant la lettre.

332 — Cinq pièces d'après Murillo, Salvator Rosa, Piazetta, etc.

333 — Vingt-deux gravures anglaises à l'eau-forte et à la manière noire; plusieurs d'après des tableaux de la *National Gallery*.

334 — Vues de divers pays, gravés en Angleterre. Trente-trois pièces.

335 — Vues et intérieurs d'appartements des palais royaux d'Angleterre. Treize pièces.

336 — Vues de monuments de Rome gravées en Angleterre. Vingt-huit pièces.

PORTRAITS DIVERS

337 — François Bacon, chancelier d'Angleterre, mort en 1626 à l'âge de soixante-six ans. Portrait du temps, très-bien gravé par un anonyme; il est rare.

338 — Laurent de Médicis, dit le Magnifique, sans nom de graveur.

339 — Louis XIII, duchesse de La Vallière, le Régent, Philippe V, la duchesse d'Orléans, Louis XV et les enfants du comte de Turenne. Sept portraits.

340 — Quinze portraits de Charles Ier, Charles II, la reine Charlotte, le prince de Galles et divers.

341 — Michel, roi de Pologne, par Van Somer, en 1671, manière noire. Épr. avant la lettre. Rare.

342 — Cardinal Fleury, Mabilleau. Trois portraits.

343 — Charles Ier, Charles II, la reine Charlotte, le prince de Galles et divers autres personnages de la noblesse d'Angleterre. Quinze portraits gravés en manière noire, d'après Kneller, Reynolds, etc.

344 — Sept portraits, Louis dauphin, Piccini, Ph. de Champagne, Louis de Bourbon, prince de Condé, etc.

345 — Dix portraits : Philippe V, par Vermeulen, Marguerite de Parme, comte d'Ossory, Georges Handel, par Houbraken; Pope, par Vertue, etc.

346 — Clément X, pape, par D. Cunego et Piranèse; Pie VII, par Canova, autre par Cunego. Trois pièces.

347 — La reine Victoria et le prince Albert, son époux. Cinq pièces gravées et lithographiées.

348 — Divers portraits de personnages anglais, pour la plupart d'après Holbein et autres. Quarante-trois pièces.

349 — Acteurs et actrices du théâtre anglais, représentés dans divers rôles. Quarante-trois pièces.

DESSINS DE L'ÉCOLE FRANÇAISE

350 **Barbier l'aîné**. Vues de Suisse, six dessins lavés à l'encre, au bistre et à l'aquarelle.

350 bis — Vues de Suisse, trois dessins lavés à l'encre.

351 — Vues de Suisse, six dessins lavés à l'encre et au bistre.

352 **Boucher**. Nymphes et tritons, dessin lavé au bistre, avec la gravure par Saint-Non.

353 — Tête de jeune fille, dessin au crayon rouge.

354 **Boucher et son école**. Têtes de femmes et enfants, neuf dessins et contre-épreuve au crayon et à la sanguine.

355 **Borel**. Scène de la guerre d'Amérique. Dessin lavé.

356 **Casanove**. Combats de cavalerie. Trois dessins au crayon noir.

357 **Chardin**. Nature morte. Dessin au crayon.

358 — Nature morte. Dessin à plusieurs crayons.

359 **Cochin** (Nicolas). Sujets religieux. Trois dessins lavés et à la sanguine.

360 **Collin de Vermont**. La Petite jardinière. Dessin colorié.

361 **Demarne**. Scène champêtre. Dessin lavé à l'encre.

362 **Denon** (vivant). Jupiter et Antiope. Dessin lavé.

363 — Six dessins à la plume et lavés, dont une charge du Jugement de Pâris.

364 **Desfriches** (d'Orléans). Moulin près d'Orléans. Dessin au crayon.

365 **Fragonard** (Honoré). Les Vendeurs chassés du Temple. Beau dessin à la plume, lavé vigoureusement de bistre.

366 — Deux dessins lavés au bistre. Paysages, d'ap. Van Goyen.

367 — Paysage, site italien animé d'un grand nombre de figures. Dessin lavé au bistre.

367 bis — Portrait de Guichard, peint par Fragonard en 1797.

368 — Paysage. Deux études lavées au bistre

369 — Massacre des Innocents, d'après N. Poussin. Dessin au crayon noir (1).

370 **Gadebois**. Paysage avec figures. Dessin à la gouache.

371 **Gillot** (Claude). Scène des Plaideurs de Racine. L'*Intimé* lui présentant des petits chiens. *Venez, famille désolée;... Acte III, scène* 2e. Dessin lavé à l'encre, sur papier bleu.

(1) Fragonard a fait un grand nombre de dessins de ce genre, d'après des tableaux italiens, pendant son séjour à Rome.

372 — Faunes vendangeurs. Dessin à la sanguine.

373 — Costumes de théâtre, études d'habillement comique pour le théâtre italien, grotesque, scènes diverses. Soixante dessins à la sanguine. Cet article sera divisé ; plus un lot de contre-épreuve de ces mêmes dessins.

273 bis — Des satyres dans un paysage. Esquisse peinte.

374 **Gravelot**. Scènes champêtres. Deux dessins à la sanguine.

375 **Greuze** (J.-B.). Diverses têtes. Sept dessins à la sanguine, contre-épreuve.

375 bis — Étude de la tête du paralytique. Dessin à la sanguine.

376 — Études de mains. Quatre dessins à la sanguine.

377 — Étude de femme, vue par le dos, allant se mettre au lit. Cette étude est une réminiscence du Coucher à l'italienne de Jacques Vanloo (1). Beau dessin au crayon noir, mêlé de sanguine.

378 — Dieu le père porté par des anges. Dessin lavé.

378 bis — Étude du Berceau pour le tableau de la Mère bien-aimée.

379 **Houel**, 1782. Halte de troupe. Dessin à la plume, lavés au bistre.

380 **Larue**. Jeux d'enfants, Bain de Diane. Dix dessins à la plume, lavé au bistre.

381 **Le Carpentier de Rouen**. Une marine. Dessin au crayon, rehaussé de blanc sur papier de couleur.

382 **Le Paon** (Louis). Marche d'armée. Dessin à la plume, lavé au bistre.

(1) Ce beau tableau, connu par la gravure de Porporati, est chez M. Vatinel, sculpteur.

383 — Les Vedettes, la Sentinelle relevée. Deux jolis dessins de costumes militaires vers 1786 ; ils sont à la plume, lavés au bistre.

384 **Lépicié** (BERNARD). Tête de jeune enfant. Dessin à la sanguine.

385 **Leprince** (J.-B.). Camp tartare. Dessin lavé à l'encre de Chine.

386 **Louterbourg**. Berger et son troupeau. Dessin lavé et légèrement colorié.

387 **Moreau** le Jeune. Dessin à la plume.

388 **Moreau** (LOUIS). Paysage. Dessin colorié.

389 **Natoire**. Une bacchante. Dessin au crayon sur pap. de couleur, rehaussé de blanc.

390 — Vénus et l'Amour. Dessin à la sanguine. Contre-épreuve.

391 **Norblin**. Une chatte et son petit. Dessin lavé.

392 **Oudry** (J.-B.). Étude d'arbres dans un jardin. Dessin au crayon noir, rehaussé de blanc. Signé Oudry, 1744.

393 — Paysage avec figures. Dessin à la sanguine.

394 **Oudry**. Étude d'arbre.

395 **Pierre** (d'après). Les Savoyards. Dessin au crayon noir.

396 **Pillement**. Paysage avec figures. Dessin à la mine de plomb.

397 **Robert** (HUBERT). Paysage et études de figures. Huit dessins sur quatre feuilles.

398 **Saint-Aubin** (AUGUSTIN). Exposition de tableaux au Louvre en 1753. Dessin sur vélin lavé en couleur.

399 **Sarrazin**. Paysage avec figure. Joli dessin lavé à l'encre.

400 **Vernet** (CARLE). Brevet ou congé militaire sous la République française. Joli dessin lavé au bistre; il a été gravé.

401 **Watteau**. Mezzetin, d'après Callot. Deux dessins sanguine.

402 **Wille fils..** Tête de paysane. Dessin au crayon rouge.

403 **École Française.** Un dessin à la plume, trompe l'œil. Imitation d'estampes de Callot, Berghem, Rembrandt, etc.

404 — L'Enfant et le Chien, les Poules, ornements chinois, la Bergère, etc. Cinq dessins à la sanguine.

405 — Jeune femme vue jusqu'aux genoux; elle tient un rouet. Charmant dessin à la sanguine; il est signé d'une manière illisible et daté 1775. Il a été gravé.

406 — Jeune femme jouant avec un singe. Dessin au crayon.

407 — Rebecca à la fontaine. Dessin lavé à l'encre, marqué d'un monogramme et l'année 1836.

408 — Têtes et Académie, par divers. Neuf dessins.

409 — La Bonne aventure.

410 — Paysages et vues. Trois dessins par Pérignon, l'Allemand, etc., plus une gravure.

411 — Paysages et figures, par Pierre, Le Cœur, La Rue, Palmérius, etc. Sept dessins.

412 — Six dessins, études par Aubry, dessins par Gravelot, etc.

413 — Sept dessins, études à la sanguine par Coypel. Composition par Jouvenet

414 — Quatre paysages à la gouache.

415 — Études de femmes des halles, dessin à la sanguine par Jeaurat.

Renou et Maulde, Imprimeurs de la Compagnie des Commissaires-Priseurs, rue de Rivoli, 144   174

Mr. Collette